Heart is Thy Name, Oh Lord
Design & Layout by
Bharati Mirchandani

Published by V.S. Ramanan, President, Board of Trustees,
Sri Ramanasramam, Tiruvannamalai 606 603, Tamil Nadu, India
(First Edition, 2004)

가슴이 당신의 이름입니다,
오 신이시여!

개정판 1쇄 발행 2022년 12월 20일
지 은 이 라마나 마하리쉬
옮 긴 이 김병채

펴 낸 이 황정선
펴 낸 곳 슈리 크리슈나다스 아쉬람
출판등록 2003년 7월 7일 제62호
주   소 경상남도 창원시 의창구 북면 신리길 35번길 12-12
대표전화 (055) 299-1399
팩시밀리 (055) 299-1373
전자우편 krishnadass@hanmail.net
카   페 cafe.daum.net/Krishnadas

ISBN 978-89-91596-81-8 03270

printed in Korea

＊책값은 뒤표지에 있습니다.
＊잘못 만들어진 책은 바꾸어 드립니다.

가슴이 당신의 이름입니다, 오 신이시여!

가슴이 당신의 이름입니다, 오 신이시여!

슈리 라마나 마하리쉬의 침묵의 순간들

슈리 크리슈나다스 아쉬람

권두언

슈리 라마나 마하리쉬는 침묵이라고 하는 살아 있는 공(空)의 바다에 깊이 빠져들었습니다.

그는 성장하여 신체적인 형상의 옷을 입은 형상 없음의 산 증인이 되었습니다.

슈리 라마나 마하리쉬의 침묵의 순간들이

명상이라는 길 없는 길을 걸어가는 독자를 인도해 주시길!

비말라 따까르

2004년 9월 7일

라자스딴, 아부 산, '쉬브꾸띠' 에서

서문

1911년에 슈리 라마나 마하리쉬를 방문한 최초의 서양인은 깊은 체험을 한 뒤에 다음과 같은 의미심장한 말을 남겼습니다. "반시간 동안 나는 마하리쉬의 눈을 쳐다보았지만, 그분의 눈은 변함없이 깊은 명상을 보여 주고 있었습니다. 그분의 몸이 성스러운 영의 신전이라는 것을 나는 곧 깨닫기 시작했습니다. 그분의 몸은 사람의 몸이 아니었습니다. 미동도 없이 앉아 있는 시신과 같은 그 몸으로부터 엄청난 광휘를 발산하고 있는 신의 도구라는 것을 나는 느낄 수 있었습니다."

"엄청난 광휘를 발산하는 신"은 그때나 지금이나 마하리쉬의 현존을 찾았던 수많은 구도자들의 경험이다. 그 신성한 현존은 모든 문화와 종교를 가진 사람들에게 계속적으로 희망과 위안, 신념과 영감, 그리고 진정한 영적인 경험을 가져다준다. 그리고 만약 우리 영혼의 거울이 그 영원한 신성한 현존을 완벽하게 비출 정도로 충분히 깨끗하지 못하다면, 마하리쉬는 또한 우리가 가슴을 열어 하나인 나를 경험할 수 있도록 간단하고 직접적인 가르침을 주었다.

사진을 이용한 본서를 준비할 때, 바라띠 미르짠다니는 슈리 라마나 마하리쉬의 견줄 데 없는 두 양상인 그의 현존과 그의 가르침을 절묘하게 조화시켰다. 성자의 매혹적인 신성한 분위기들을 보여 주는 인물 사진들과 더불어, 그의 신성한 거처인 아루나짤라의 매혹적인 주변 환경을 찍은 장면들을 중간에 삽입하여 특별히 아름답고 심오한 작품을 만들어 냈다. 이처럼 서로를 보완해 주는 식으로 사진과 인용문을 함께 엮어 내는 섬세한 예술은 마하리쉬의 메시지를 분명히 깨닫게 해 준다.

슈리 라마나 마하리쉬의 탄생 125주년을 맞이하여 전 세계의 헌신자들과 진리의 구도자들에게 이렇게 훌륭한 책을 선사할 수 있게 되어 무척 기쁘다.

2004년 12월 28일
125주년 자얀띠 기념일

V.S. 라마난,
슈리 라마나스라맘 총재,

감사의 말

이 책은 내가 대부분 한 번도 만나 본 적이 없는 많은 훌륭한 분들의 도움으로 만들어졌다. 그분들이 없었다면 이 책은 출판될 수 없었을 것이다.

그 직접적인 영감은 《라마나 마하리쉬의 핵심적인 가르침(The Essential Teachings of Ramana Maharshi)》이란 제목으로, 미국의 출판사인 이너 디렉션(Inner Directions)이 출간한 책에서 비롯되었다. 나는 그 책이 아름답고 고상하며 포괄적이라는 것을 알았다. 하지만 환율을 볼 때 확실히 그것은 대부분의 인도 사람들이 구입해 볼 수 없는 높은 가격이었다. 하지만 언제든지 책을 집어 들고 어디에서나 책을 펴서 얼마 동안 읽거나 볼 수 있고, 그때마다 매번 귀중한 영감이나 통찰력을 반드시 얻을 수 있는 그런 책이 있다면, 그 책을 갖고 싶지 않은 사람이 과연 어디에 있겠는가? 이러한 아이디어는 가능성과 함께 나의 심장을 두근거리게 만들었다.

2003년 8월에 나는 슈리 라마나스라맘의 총재이신 슈리 V.S. 라마난을 찾아뵙고, 이러한 방침에 따라 슈리 라마나스라맘을 위하여 나 자신이 선택한 사진과 디자인과 인용문을 이용하여 적당한 가격의 책을 출판할 수 있도록 요청했다. 그는 열성적으로 승낙해 주면서 아쉬람의 출판물과 사진 기록 보관소를 이용할 수 있도록 해 주었으며, 슈리 라마나의 탄생 125주년 기념 행사에 맞추어 책을 출판해 달라고 요청하였다.

저명한 사진작가이면서 또한 아쉬람의 사진 기록 보관인인 V. 까르띡은 우기 기간인 8월에 아쉬람에 머물고 있었다. 나는 책에 필요한 아루나짤라와 마을과 사원에 대한 사진의 종류를 설명해 주었다. 며칠 뒤에 성스러운 산 주변의 아름다움과 풍요로움을 포착한 사진들이 들어 있는 네 장의 CD를 받았다. 나는 감도가 뛰어난 까르띡의 사진들에 대하여 그에게 감사를 드린다.

최종적으로 책의 지면 배치를 끝마치고 전체를 검토해 봤을 때, 나는 나의 부족함을 보고 마음이 슬퍼졌다. 나의 능력으로는 바가반 라마나의 훌륭한 가르침과 그의 매혹적인 힘, 아름다움을 정확하게 표현할 수 없다는 것을 알고 있다. 그래도 이 과제를 추진하고 있는 동안 내 마음을 가득 채운 기쁨과 은총, 안내를 받고 있다는 굉장한 느낌을 기억하자, 그 슬픔은 사라졌다. 다시 되찾은 영감으로 나는 마무리 작업을 진행해 갔다.

특히 어떤 인용구는 질문에 대한 장문의 답변에서 발췌를 했기 때문에, 어법을 통일하고 대문자를 사용하고 읽기 쉽게 하기 위하여 편집상의 사소한 수정을 해야만 했다. 이렇게 하는 동안, 그 과정에서 일어날지도 모르는 일관성이 없는 의미의 미묘한 차이를 피하기 위해 주의를 기울였다. 또한 슈리 라마나의 다양한 기분을 보여 주고, 어떻게 참된 신성함이 아주 인간적일 뿐만 아니라 자연스러운 것인지를 보여 주고자 다소 손상되고 질이 낮은 문서 보관소의 사진들도 포함시켰다. 나는 이러한 사진들의 심오한 내용이 어떤 시각상의 결함보다 더 중요하다고 느낀다.

이 책의 머리말을 써 주신 비말라 따까르와 부드럽고 귀중한 비평으로 격려를 해 주신 데니스 하텔, 바가반의 많은 사진들을 되찾고 직무 태만의 컴퓨터와 나 사이를 중재해 주신 그레이엄 보이드에게 감사를 드리고 싶다.

물론, 나는 바가반과 함께 살면서 그의 사진을 찍고, 그의 말씀을 편찬하고 번역해 준 모든 알려진 혹은 알려지지 않은 분들에게 감사를 드린다. 그들은 직접 라마나를 만나 본 적이 없는 사람들을 위하여 계속 그분을 살아 있게 하고 있다.

바라띠 미르짠다니

이 모든 우주는 무엇 안에 존재하고 있습니까? 이 모든 것의 정체는 무엇입니까?
무엇으로부터 그것은 생겨납니까?
무엇 때문에, 무엇에 의해 그 모든 것은 나타납니까?
그것은 무엇으로 이루어져 있습니까?
나만이 그 원인입니다.

진실로 존재하는 것은 나뿐입니다.
세계와 개인과 신은
그 속에서 나타나는 현상입니다.
이들 세 가지는 동시에 나타나고
동시에 사라집니다.

《시》26쪽
《나는 누구인가?》11쪽

이 몸에서 '나'로서 일어나는 것은 마음입니다.

'나'라는 생각이 몸 속의 어디에서 제일 먼저 일어나는지를 탐구한다면
그것이 가슴에서 일어난다는 것을 알게 될 것입니다.

마음속에서 일어나는 모든 생각들 가운데, '나—생각'이 제일 먼저입니다.
이것이 일어난 이후에야 비로소 다른 생각들이 일어납니다.

일인칭 대명사가 없다면,
2인칭, 3인칭 대명사는 없을 것입니다.

'나는 누구인가?'라는 생각은 다른 모든 생각들을 없앨 것입니다.

그리고 화장용 장작더미를 젓기 위하여 사용된 막대기처럼
그것도 결국은 없어질 것입니다.

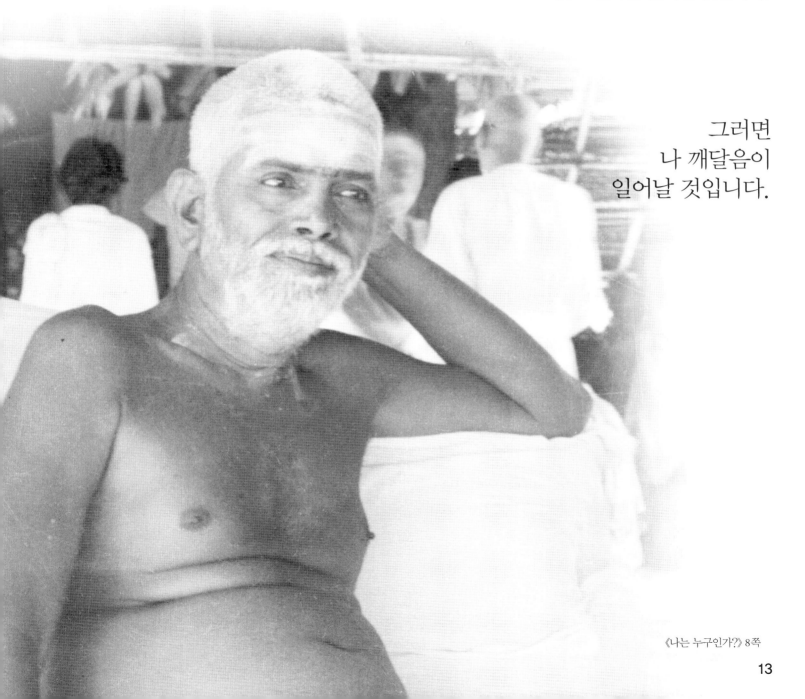

그러면
나 깨달음이
일어날 것입니다.

'보이는 것'인 세계가
없어지면, 보는 자인
나에 대한 깨달음이 있을 것입니다.

망상이 만들어 낸 뱀에 대한 잘못된 지식이
사라지지 않는다면
그 토대인 새끼줄에 대한 지식이
일어나지 않는 것과 꼭 같이

세상이 실재하고 있다는 믿음이
없어지지 않는다면
그 토대인 나에 대한 깨달음도
얻을 수 없을 것입니다.

'마음'이라고 하는 것은 나 속에
거주하는 놀라운 힘입니다.

그것은 모든 생각이 일어나도록 만듭니다.

생각 외에는
마음과 같은 것이 없습니다.

마음이 나에서 나올 때
세계가 나타납니다.

그러므로 세계가
(실재하는 것처럼)
보일 때
나는 나타나지 않습니다.

《나는 누구인가?》7쪽

모든 살아 있는 존재들은 어떠한 불행도 없이
항상 행복하기를 바랍니다.

모든 사람들에게는 자기 자신에 대한
지고의 사랑이 있습니다.
그리고

행복만이

사랑의

원인입니다.

자신의 성품이며
마음이 전혀 없는
깊은 수면 상태에서
경험할 수 있는
그 행복을 얻으려면
자신의 나를 알아야 합니다.

이를 성취하기 위한
주요 수단은
지식의 길인,

'나는 누구인가?'

라는 형태의 탐구입니다.

《나는 누구인가?》 5쪽

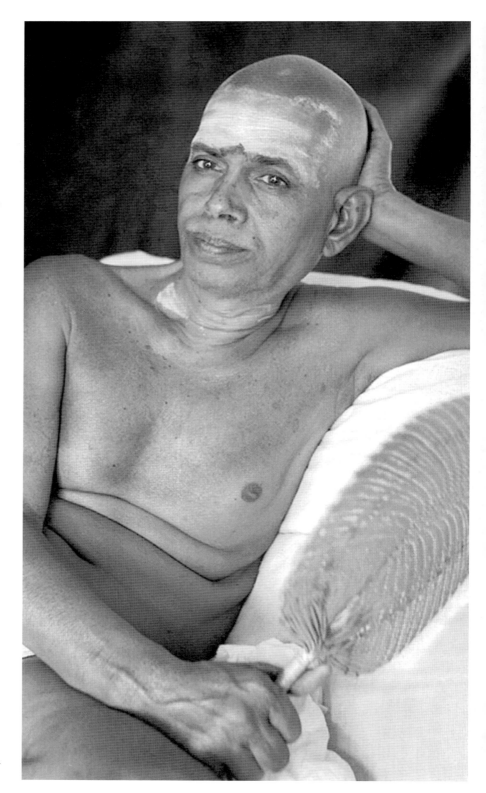

나는 '나-생각'이 전혀 없는
곳에 있습니다.

그것은 침묵이라고 불립니다.

나 그 자체가 세계이며

나 그 자체가 '나'이며

나 그 자체가 신입니다.

일체가 쉬바요, 나입니다.

《나는 누구인가?》 12쪽

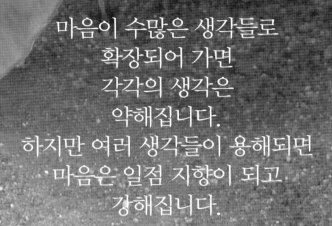

마음이 수많은 생각들로
확장되어 가면
각각의 생각은
약해집니다.
하지만 여러 생각들이 용해되면
마음은 일점 지향이 되고
강해집니다.

그러한 마음에게는
나 탐구가
쉬워질 것입니다.

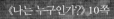

《나는 누구인가?》 10쪽

신과 구루는 다르지 않습니다.

호랑이의 입 속으로 들어간 먹이가
도망칠 길이 없는 것과 꼭 같이
구루의 자비로운 시선이 미치는
영역 내로 들어온 사람들은
구루에 의해 구원을 받을 것이며
길을 잃지 않을 것입니다.

하지만, 각자는
그 자신의 노력으로
신이나 구루가 보여 준 길을
따르며 해방을 얻어야 합니다.

신과 구루는 단지
해방에 이르는 길을 보여 줄 뿐입니다.
그들이 직접 영혼을 해방의 상태로
데려가지는 않을 것입니다.

《나는 누구인가?》 13쪽

이슈따 데바따(숭배하기 위해 선택한 신)와 구루는
이 길을 따라갈 때의 매우 강력한 보조 수단입니다.

보조 수단이 효과를 보기 위해서는 그대의 노력도 필요합니다.

태양을 보아야 하는 자는 바로 그대입니다.
안경과 태양이 그대를 대신하여 볼 수 있겠습니까?

《대담》31쪽

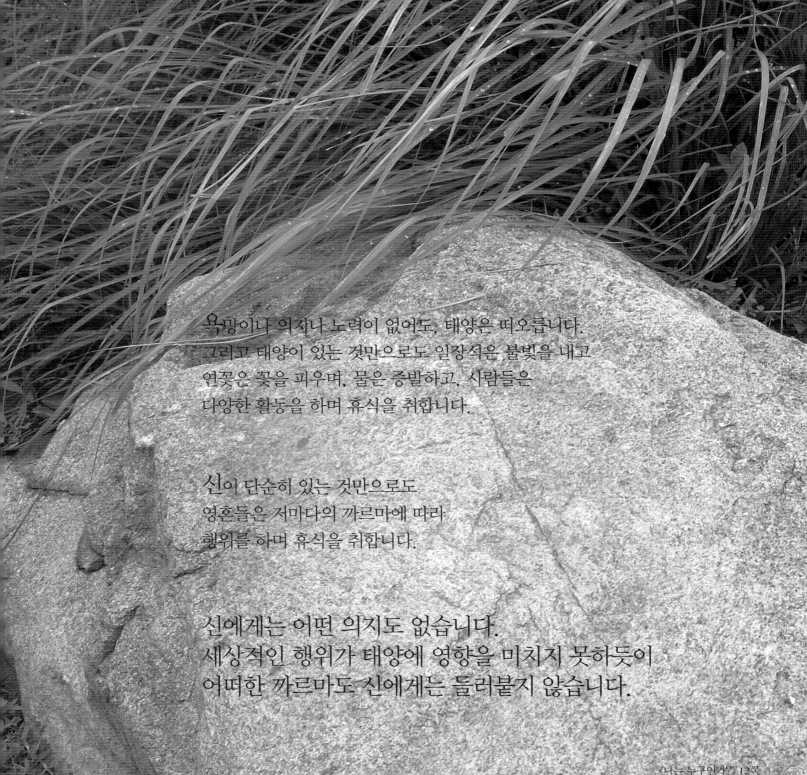

욕망이나 의지나 노력이 없어도, 태양은 떠오릅니다.
그리고 태양이 있는 것만으로도 일광석은 불빛을 내고
연꽃은 꽃을 피우며, 물은 증발하고, 사람들은
다양한 활동을 하며 휴식을 취합니다.

신이 단순히 있는 것만으로도
영혼들은 저마다의 까르마에 따라
행위를 하며 휴식을 취합니다.

신에게는 어떤 의지도 없습니다.
세상적인 행위가 태양에 영향을 미치지 못하듯이
어떠한 까르마도 신에게는 들러붙지 않습니다.

《나는 누구인가?》 12쪽

무욕이 지혜입니다. 이 둘은 다르지 않습니다.
무욕은 마음을 어떤 대상으로도
돌리지 않는 것입니다.
지혜란 어떠한 대상도 나타나지 않는 것을 의미합니다.
나 이외의 것을 찾지 않는 것이
초연이며 무욕입니다.

나를 떠나지 않는 것이 지혜입니다.

《나는 누구인가?》15쪽

행복은 바로 나의 성품입니다.

우리는 무지 때문에
대상으로부터 행복을 얻는다고 상상합니다.

수면과 사마디, 기절한 상태,
그리고 바라던 대상을 얻거나
혹은 싫은 대상이 없어질 때,
마음은 내면으로 향하게 되며
순수한 나 행복을 즐깁니다.

《나는 누구인가?》 14-15쪽

자신의 참된 성품을 깨닫는 것이
해방입니다.

나는 바로 지금 여기이며,
그것만이 있을 뿐입니다.

유일한 장애물은
마음입니다.

집에 있든 숲속에 있든
반드시 그것을 극복해야 합니다.

환경이 어떠하든지 간에
그대는 심지어 지금도 노력할 수 있습니다.

'내가 일한다.'는 느낌이 장애물입니다.

'누가 일하느냐?'라고 그대 자신에게 물어보십시오.

일어나기로 되어 있는 일은 일어나게 마련입니다.

그대가 일할 운명이 아니라면
일을 구하러 돌아다닌다 해도 일을 얻을 수 없습니다.
그대가 일할 운명이라면
그 일을 피할 수 없을 것입니다.
그 일에 종사하지 않으면 안 될 것입니다.

그러니, 그것을 더 높은 권위자에게 맡기십시오.

그대는 그대가 선택하는 대로 포기하거나 계속할 수 없습니다.

수면은 무지가 아닙니다. 그것은 자신의 순수한 상태입니다.
깨어 있음은 지식이 아닙니다. 그것은 무지입니다.

수면 속에는 완전한 의식이 있고, 깨어 있는 상태에는 완전한 무지가 있습니다.
그대의 참된 성품은 그 둘을 포함하며 그 너머로 뻗어 갑니다.

나는 지식과 무지 둘 다를 초월해 있습니다.

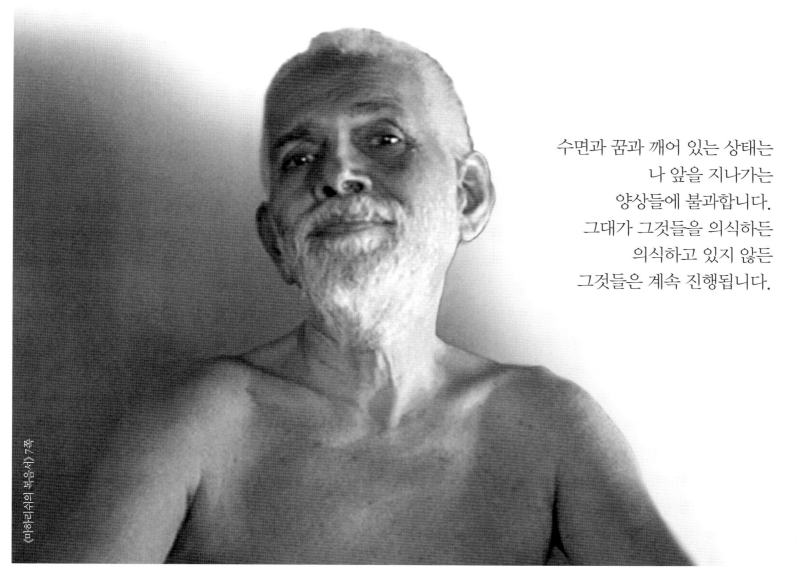

《마하리쉬의 복음서》 7쪽

수면과 꿈과 깨어 있는 상태는
나 앞을 지나가는
양상들에 불과합니다.
그대가 그것들을 의식하든
의식하고 있지 않든
그것들은 계속 진행됩니다.

오로지 하나의 신만이 있습니다.
신은
만물의 목격자이며
모든 피조물 속에 숨어 있으며
절대적이고
만물에 두루 존재하고 있는

내면의 나입니다.

《시》 27쪽

그렇다면 신은 누구입니까?

마음을 지켜보는 자입니다.
나의 마음은 영혼인
나 자신에 의해 목격되고 있습니다.

그래서 그대는 신입니다.

마음의 정복이 명상입니다.

깊은 명상은 영원한 언어입니다.

침묵은 늘 말하고 있습니다.

그것은 말의 영원한 흐름입니다.

강의는 여러 시간 동안 사람들을 즐겁게 해 줄 수 있지만
그들을 향상시켜 주지는 못합니다.
반면에 침묵은 영원하며
전 인류에게 이득이 됩니다.

침묵은 끊임없는 웅변입니다.

그것은 최고의 언어입니다.

말은 어떻게 생겨납니까?

추상적인 지식이 있고
거기에서 자아가 생겨나며
자아는 다시 생각을 일으키고
생각은 입을 통해 말을 하게 합니다.

그래서 말은
본래 근원의
증손자입니다.

그러나 사람들은 이처럼 간단하고
분명한 진실을,
그들이 매일
늘 영원히 경험하는
그 진실을
이해하지 못합니다.

그들은 신비를 사랑하지 진실을 사랑하지 않습니다.
그러나 여러 종교는 그들의 구미에 맞춰 결국
그들을 나에게로 데려갑니다.

《마하리쉬의 복음서》 11쪽

명상 중에는 온갖 생각들이 일어납니다.

그것은 당연한 일입니다.
그대 속에 숨어 있는 것은 밖으로 나오게 마련이기 때문입니다.

그것이 떠오르지 않는다면, 어떻게 그것이 파괴될 수 있겠습니까?

생각은 저절로 일어나서 소멸됩니다.
그리하여 마음이 강화됩니다.

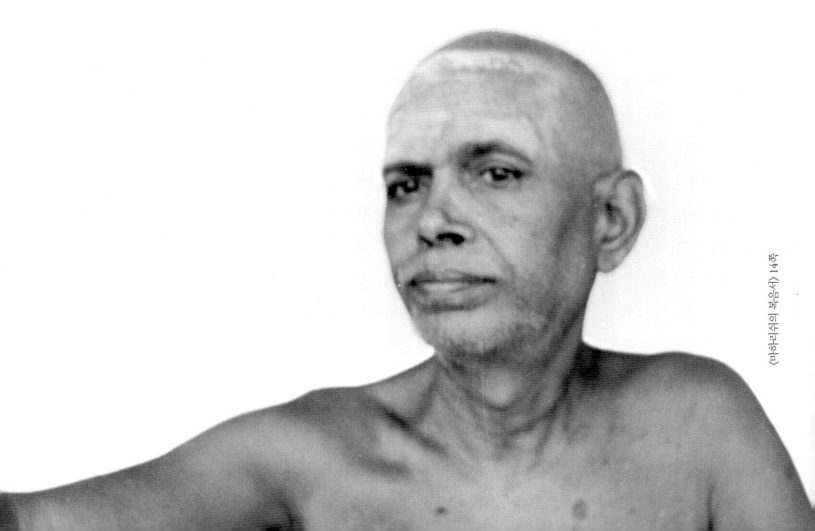

《마하리쉬의 복음서》 14쪽

그대를 창조한 힘이 세상도 창조했습니다.

만약 그 힘이 그대를 돌볼 수 있다면, 마찬가지로 세상도 돌볼 수 있습니다.

만약 신이 세상을 창조했다면, 그 세상을 보살피는 것은 신의 일이지
그대의 일이 아닙니다.

그대의 의무는 그냥 '존재'하는 것이지
이것이나 저것이 되는 것이 아닙니다.

"나는 스스로 있는 자이다."(I AM THAT I AM)라는 말이
모든 진리를 요약해 줍니다.

《마하리쉬의 복음서》 25쪽

홀로 있음이 마음이 지녀야 할 태도입니다.

어떤 사람은 세상의 한가운데에 있으면서도
완벽한 마음의 평온을 유지할 수 있습니다.

이러한 사람은 항상 홀로 있습니다.

또 다른 사람은 숲 속에 머물고 있지만, 여전히 그의 마음을 제어할 수 없습니다.
그는 홀로 있다고 할 수 없습니다.

《마하리쉬의 복음서》 10쪽

자기 복종은 나 지식과 같습니다.

둘 다는 반드시 자기 통제를 의미합니다.

자아는 보다 높은 힘을 인정할 때만
복종합니다.

물이 증발했다가 비가 되어 다시 언덕에 내리면
그들은 다시 한 번 강물이 되어
바다로 흘러 들어갑니다.

이와 같이 개인적인 특성들도 잠을 자는 동안에
그들의 분리를 잃지만
그들의 삼스까라 즉 과거의 성향에 따라 개인들로 돌아갑니다.

심지어 죽을 때도 그렇습니다.
그래서 삼스까라들을 가진 사람의 개별성은 사라지지 않습니다.

환생은
무지가 있을 때만 존재합니다.
지금이나 이전이나
실제로 환생이란 전혀 없습니다.
어떤 내생도 없을 것입니다.

이것이 진실입니다.

《마하리쉬의 복음서》 30쪽

나는 신입니다.

'존재(I Am)'는
신입니다.

만약 신이
나와 떨어져 있다면
그는
나 없는 신임에 틀림없습니다.
그것은 말도 안 됩니다.

《마하리쉬의 복음서》 25쪽

40

나를 깨닫기 위해
필요한 것은 오직
가만히 있는 것입니다.

이보다 더 쉬운 일이 어디에 있을까요?

신은 마음을 밝히면서 마음 내부에서 빛나고 있습니다.

사람은 마음을 통하여 신을 알 수 없습니다.

다만 마음을 내부로 돌려
점차 신과 하나가 될 수 있습니다.

'나'로서 이 몸에서 일어나는 것은 마음입니다.
미묘한 마음이 뇌와 감각을 통하여 나타날 때
거친 이름과 형상들이 인식됩니다.
마음이 가슴속에 있으면, 이름과 형상들은 사라집니다.

마음이 가슴속에 있으면
모든 생각의 근원인 자아는 사라질 것이며
나이며 실재인 영원한 '나'만이 빛날 것입니다.

《바가바드 기타》 10쪽

가슴은 실재를 가리키는 또 하나의 이름입니다.
그것은 몸 안에도, 몸 밖에도 있지 않습니다.

거기에는 안과 밖이 있을 수 없습니다.
왜냐하면 '그것'만이 존재하기 때문입니다.

'가슴'이라고 말할 때
나는 어떤 생리적인 인체 기관이나
신경총이나 그와 같은 것들을
의미하지 않습니다.

그러나 사람이
자기 자신을
몸과 동일시한다면

그는 몸 속에서
'나라는 생각'이 일어나고
다시 신과
하나가 되는 곳이
어디인지를
살펴보아야 합니다.

《바가반의 보석》 16쪽

희열은 그대의 성품에 추가되는 것이 아니라
단지 영원하고 불멸하는
그대의 참되고 자연스러운 상태로서
드러날 뿐입니다.

그대는 정말로
무한하고 순수한 존재이며
절대적인 나입니다.

그대의 슬픔을 없애는
유일한 방법은
나를 알고
나로 있는 것입니다.

《마하리쉬의 복음서》41쪽

결혼을 했건 하지 않았건

나를 깨달을 수 있습니다.

왜냐하면 그것은 바로 지금

여기에 있기 때문입니다.

만약 그렇지 않고, 나가 다른 어떤 때에 어떤
노력으로 얻을 수 있거나,
새롭거나 얻을 수 있는 어떤 것이라면,
그것은 추구할 가치가 없을 것입니다.

본래 있지 않은 것은
영원할 수도 없기 때문입니다.
그것은 마음의 적합성의
문제입니다.

《대담》13쪽

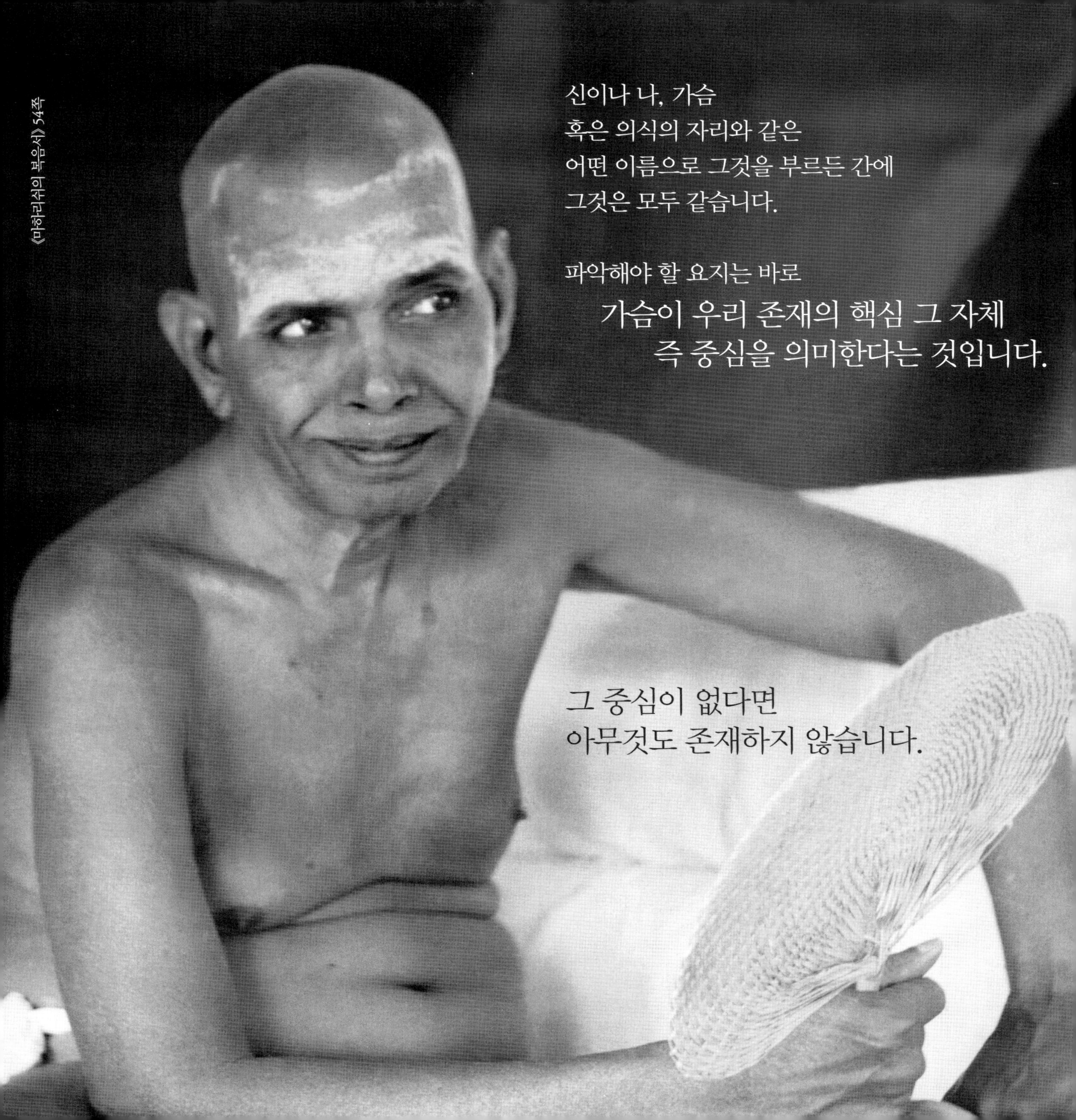

신이나 나, 가슴
혹은 의식의 자리와 같은
어떤 이름으로 그것을 부르든 간에
그것은 모두 같습니다.

파악해야 할 요지는 바로
가슴이 우리 존재의 핵심 그 자체
즉 중심을 의미한다는 것입니다.

그 중심이 없다면
아무것도 존재하지 않습니다.

《마하리쉬의 복음서》 54쪽

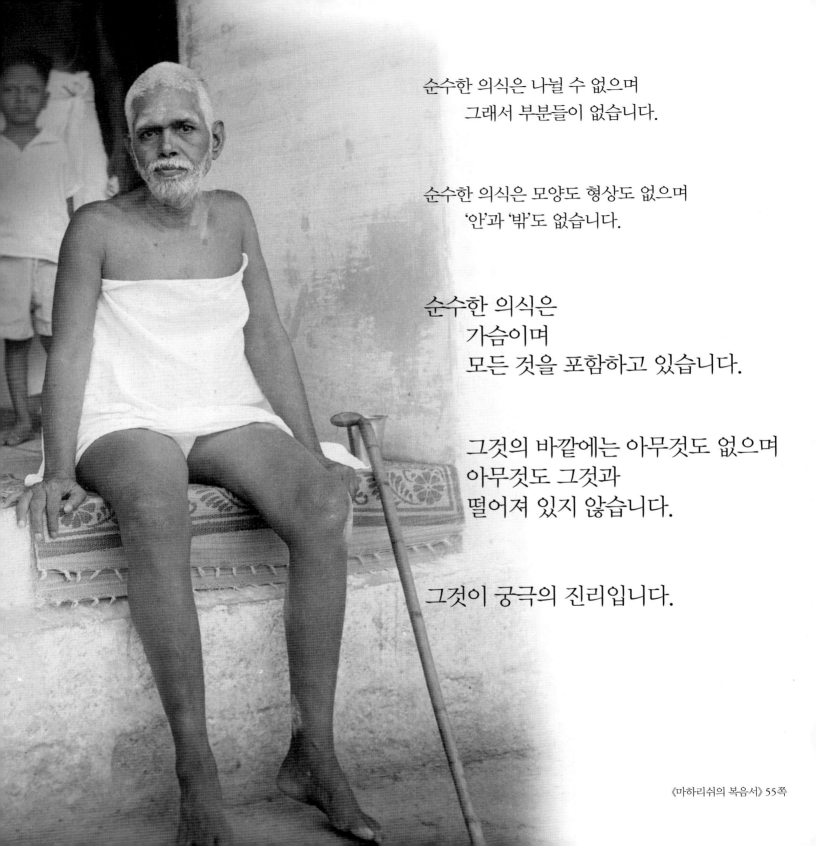

순수한 의식은 나뉠 수 없으며
    그래서 부분들이 없습니다.

순수한 의식은 모양도 형상도 없으며
    '안'과 '밖'도 없습니다.

순수한 의식은
    가슴이며
    모든 것을 포함하고 있습니다.

그것의 바깥에는 아무것도 없으며
아무것도 그것과
떨어져 있지 않습니다.

그것이 궁극의 진리입니다.

《마하리쉬의 복음서》 55쪽

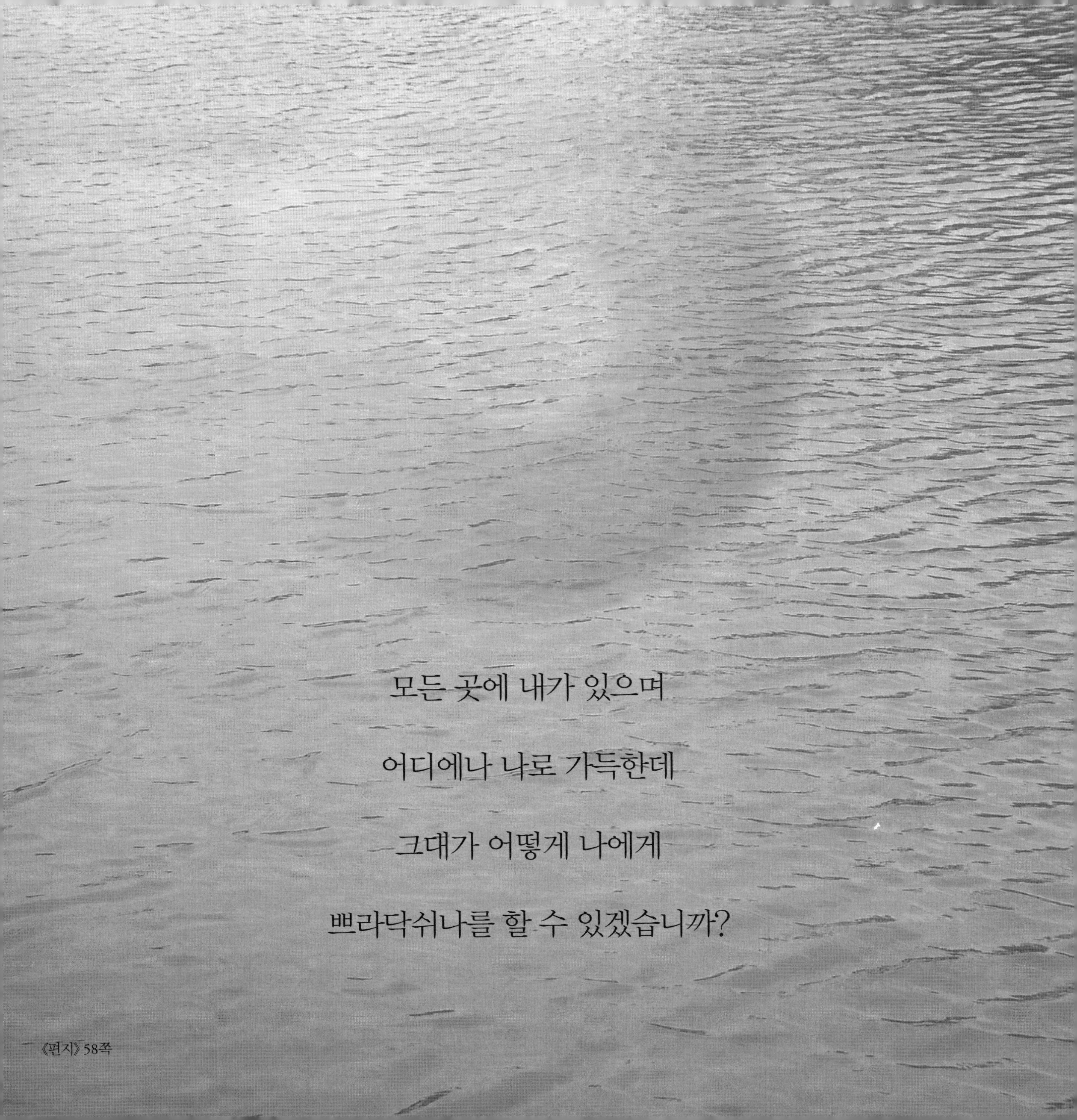

모든 곳에 내가 있으며

어디에나 나로 가득한데

그대가 어떻게 나에게

쁘라닥쉬나를 할 수 있겠습니까?

나마스까르란

　　마음이 나 속으로

　　녹아드는 것입니다.

　　오체투지를 하는

　　단순한 행위가 아닙니다.

《편지》 56쪽

50

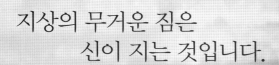

지상의 무거운 짐은
　　　신이 지는 것입니다.

그 무거운 짐을 지는 척하는 자아는

탑의 무게를 견디고 있는 것처럼 보이는

탑에 새겨진 인물과 같습니다.

《시》29쪽

바람직한 것과의 접촉이나 그러한 기억이 있을 때,
그리고 바람직하지 않은 것들과의 접촉이나 그러한 기억에서 벗어났을 때,
우리는 행복이 있다고 말합니다.

이러한 행복은 상대적인 것이라서
쾌락이라고 부르는 것이 더 낫습니다.

하지만 인간은 절대적이고
영원한 행복을 원합니다.

이것은 대상 안에 있는 것이 아니라
절대자 안에 있습니다.

그것은 고통과 쾌락이 없는
평화입니다.
그것은 중립적인 상태입니다.

완전한 평화는 나의 평화입니다.

그것만이 존재하며 의식하고 있습니다.

《대담》 32쪽

텔레파시는 듣는 자가 없이는 존재할 수 없고,
천리안은 보는 자가 없이는 존재할 수 없습니다.

멀리서 듣는 것과 가까이에서 듣는 것의 차이는 무엇입니까?

중요한 것은 오직 '듣는 자'입니다.

듣는 자가 없다면 들리는 소리도 있을 수 없고,
보는 자가 없다면 보이는 것도 있을 수 없습니다.

《대담》 15쪽

생각이 일어날 때
생각이 처음 일어나는 바로 그 자리에서
어떠한 찌꺼기도 남기지 않고
그 생각을 완전히 없애는 것이
무집착입니다.

진주를 따는 잠수부가 바다 밑으로 잠수하여
진주를 캐는 것과 같이
우리 개개인도
무집착을 지니고
자기 자신의 내부로 잠수하여
나라는 진주를 얻어야 합니다.

《나는 누구인가》 13쪽

인간이 미혹되는 것은 의식하는 나와 지각 없는 몸이
서로 섞여 있기 때문입니다.

이러한 미혹은 오로지 자아와 동시에 발생합니다.
그것은 일어났다가 가라앉습니다.
하지만 실재는 영원히 남아 있습니다.

누구나 영원한 나를 알고 있습니다.

그는 그토록 많은 사람들이 죽어가는 것을 보지만
자기 자신은 영원하다고 믿고 있습니다.
왜냐하면 그것이 진리이기 때문입니다.
자연스러운 진리는 자연히 나타나는 법입니다.

《대담》 84쪽

노력 너머의 상태, 즉 노력 없는 무위의 상태가 있습니다.

그 상태가 실현될 때까지는 노력이 필요합니다.
한 번이라도 이러한 희열을 맛본 뒤에는
거듭 그것을 되찾으려고 노력할 것입니다.

《대담》 127쪽

신의 은총은
깨달음에 필수적입니다.

하지만 이러한 은총은
오로지 자유를 향해
열심히 끊임없이 나아가는
참된 헌신자에게만
내려집니다.

달은 햇빛의 반사를 받아 빛납니다.
태양이 진 뒤, 달은 어둠 속 사물의 모습을 드러내는 데 유용합니다.
태양이 떠오른 뒤에는 비록 둥그스름한 달이 희미하게 하늘에 보이지만
아무도 달을 필요로 하지 않습니다.

마음과 가슴에 있어서도 마찬가지입니다.
마음은 가슴의 반사된 빛 때문에 유용합니다.
마음은 사물을 보는 데 사용됩니다.

마음이 내면을 향하게 되면
조명의 근원은 저절로 빛을 내며
마음은 대낮의 달처럼
희미하여 유용성을 잃고 맙니다.

《대담》 96쪽

그리스도는 자아입니다.

십자가는 몸입니다.

　　자아를 십자가에 못 박아
　　그 자아가 사라지면
　　남아 있는 것은
　　절대적인 존재이며

이렇게 영광스럽게 살아남아 있는 것을

부활이라고 합니다.

거품들은 서로 다르고 수없이 많지만
바다는 오직 하나뿐입니다.

마찬가지로, 자아는 다수이지만
나는 오로지 하나뿐입니다.

모든 나쁜 특성들이 자아를 중심으로 모여 있지만
나 속에는 좋거나 나쁜 특성들이 전혀 없습니다.
나는 모든 특성에서 벗어나 있습니다.

자아가 사라지면, 그 결과로 깨달음은 저절로 옵니다.

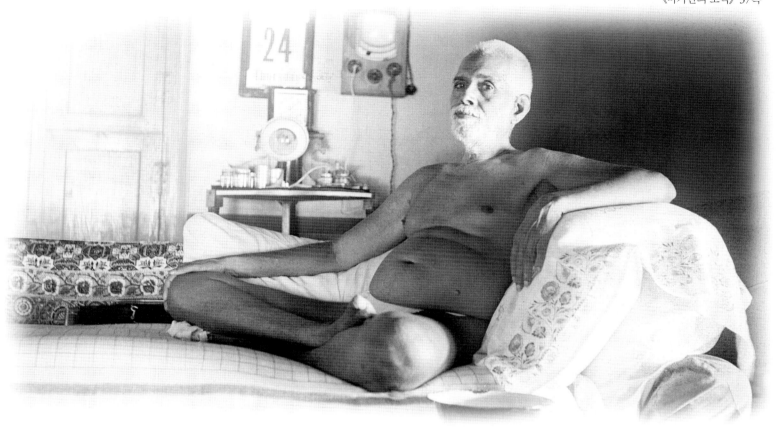

만약 대상들이 독립적으로 존재한다면
다시 말해, 그것들이 그대와 떨어져서 어디엔가 존재한다면
그대가 그것들로부터 멀어져 갈 수도 있을 것입니다.

하지만 그것들은 그대와 떨어져서 존재하지 않습니다.
그것들이 존재하는 것은 그대, 즉 그대의 생각 때문입니다.
그러니 그대가 그것들을 피해 어디로 갈 수 있겠습니까?

자아는
땅 위에 드리워진
자신의 그림자와 같습니다.
그 그림자를 묻어 버리려고 한다면
어리석은 짓일 것입니다.

나는 오직 하나밖에 없습니다.
나가 제한을 받으면, 그것은 자아가 됩니다.
나가 제한을 받지 않으면, 그것은 무한하며, 실재가 됩니다.

이보다 더 큰 신비는 없습니다.
즉, 우리 자신이 바로 실재이면서
우리는 그 실재를 얻으려고 합니다.

우리는 우리의 실재를 숨기는 무언가가 있으며
실재를 얻으려면 그것이 파괴되어야 한다고 생각합니다.

그것은 우스운 생각입니다.

그대 스스로 그대 자신의 노력을 보고
웃을 날이 올 것입니다.

그대가 웃게 되는 날에 있게 될 그것은
또한
바로 지금 여기에 있습니다.

《대담》134쪽

그대 자신으로 존재하십시오.
위에서 내려오거나 현현되는 것은 아무것도 없습니다.
필요한 것은 오직 자아를 잃는 것뿐입니다.

그대는 무엇을 기다리고 있습니까?

'난 아직 보지 않았어.'라는 생각, 즉 무언가를 보려는 기대나
무언가를 얻으려는 욕망은 모두가 자아의 작용입니다.

생각하는 것은 그대의 참된 성품이 아닙니다.

《대담》 156~157쪽

냐니(갸니, 나를 깨달은 성자)가

생각에 관여하는 것은

아냐니(아갸니, 나를 깨닫지 못한 사람)가

생각에서 벗어나는 것만큼이나

어렵습니다.

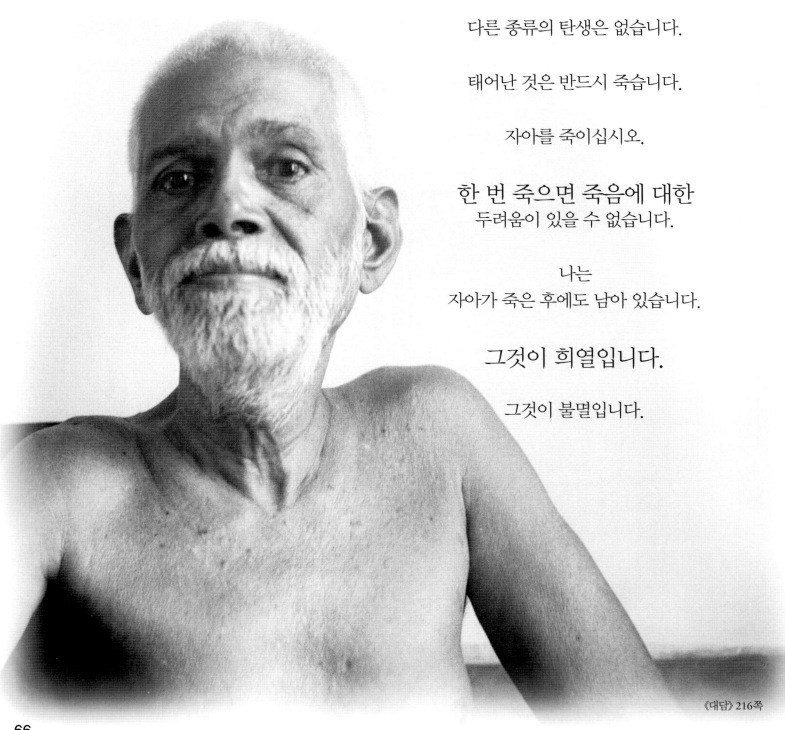

자아의 탄생이 그 사람의 탄생이라고 불립니다.

다른 종류의 탄생은 없습니다.

태어난 것은 반드시 죽습니다.

자아를 죽이십시오.

한 번 죽으면 죽음에 대한
두려움이 있을 수 없습니다.

나는
자아가 죽은 후에도 남아 있습니다.

그것이 희열입니다.

그것이 불멸입니다.

《대담》216쪽

사람이 죽으면, 살아 있는 사람에게 슬픔이 찾아옵니다.

슬픔을 없애는 방법은 살지 않는 것입니다.

슬퍼하는 자를 죽이십시오.
그러면 누가 남아서 고통을 받겠습니까?

자아는 반드시 죽어야 합니다.

그것이 유일한 방법입니다.

《대담》220쪽

어린 새라도
날개가 다 자라날 때까지만 어미 새의 보호를 받습니다.
영원히 보호를 받는 것이 아닙니다.

헌신자들의 경우도 마찬가지입니다.

나는 이미 길을 보여 주었습니다.
이제 그대는 그 길을 따라가서
그대가 어디에 있든지 평화를 찾을 수 있어야만 합니다.

《대담》 274쪽

나 깨달음은

인간에게 주어질 수 있는 최대의 도움입니다.

성자는 비록 인류에게 알려지지 않을지라도
인류 전체를 돕습니다.

그 도움은 감지할 수 없는 것이지만
여전히 거기에 있습니다.

《대담》 16–17쪽

그대는

목까지 차오르는 깊이의

물에 잠겨 있지만

그럼에도 불구하고

물을 달라고 합니다.

그것은
물 속에 있는 물고기가
목이 마르다고 하는 것이나
물이 갈증을 느낀다고
하는 것과 마찬가지입니다.*

* "바가반께서는 우리를 불쌍히 여겨
  은총을 보여 주십니까?"라는 질문에 대한
  라마나 마하리쉬의 대답이다.

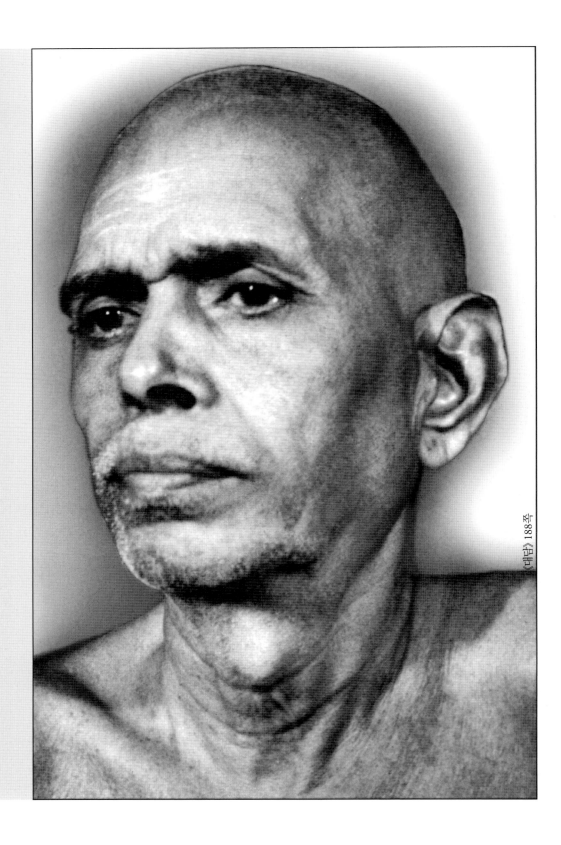

《대담》 188쪽

영화관의 스크린 상에
불난 장면이 있습니다.
그 불이 스크린을 태웁니까?

물이 떨어지는 폭포가 있습니다.
그것이 스크린을 적십니까?

불이나 물 등은
나의 스크린 상에 나타난 현상입니다.
그래서 그것들은 스크린에 영향을 미치지 못합니다.

나는 있는 그대로 있으면서
늘 번쩍이며, 늘 안정되어 있으며,
움직이지 않고 변화하지 않습니다.

《대담》291/599쪽

나 탐구에 의하여
자아가 파괴되지 않은 유식한 사람들보다는
문맹자가 틀림없이 더 낫습니다.
비판의 대상은 학식에 대한 자만과 인정받고 싶은 욕망이지
학식 그 자체가 아닙니다.

진리의 추구와 겸손으로
나아가는 배움은 훌륭합니다.

《대담》 221쪽

복잡한 미로와 같은 다양한 학파의 철학은
문제를 명확히 밝히고 진리를 드러낸다고 합니다.

그러나 사실 그들은 혼란이 필요 없는 곳에서 혼란을 만들어 내고 있습니다.

왜 혼란을 만들어 내어 설명해야 합니까?

아! 이러한 미로에 말려들지 않는 사람은
얼마나 다행스러운가요!

《대담》376–377쪽

항아리의 공간 속에는
어떠한 반사도 있을 수 없습니다.
항아리에 물이 있을 때만
반사가 있을 수 있습니다.

유리는 사물을 비출 수 없습니다.
오직 유리 뒷면에 불투명체를 붙인
유리판만이
유리의 앞에 있는 대상들을 비출 수 있습니다.

마찬가지로 순수한 지식은 대상들을 담고 있지 않으며,
대상들을 반사하지도 않습니다.
오직 제한하는 부속물인 마음이 있을 때만이
그것은 세상을 반사할 수 있습니다.

몸 자체는 우리의 생각에 지나지 않습니다.
생각이 없으면 몸이 있을 수 없습니다.

세상은 오직 영적일 뿐입니다.

그대가 자기 자신을 물질적인 몸과 동일시하고 있기 때문에
그대는 이 세상이 물질적이라고 말하는 것입니다.

그에 반하여, 존재하는 그것은 오직 영적일 뿐입니다.

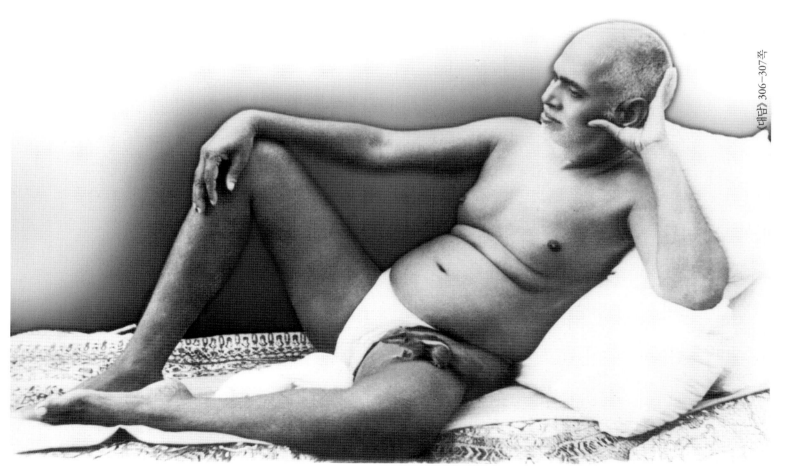

《대답》306-307쪽

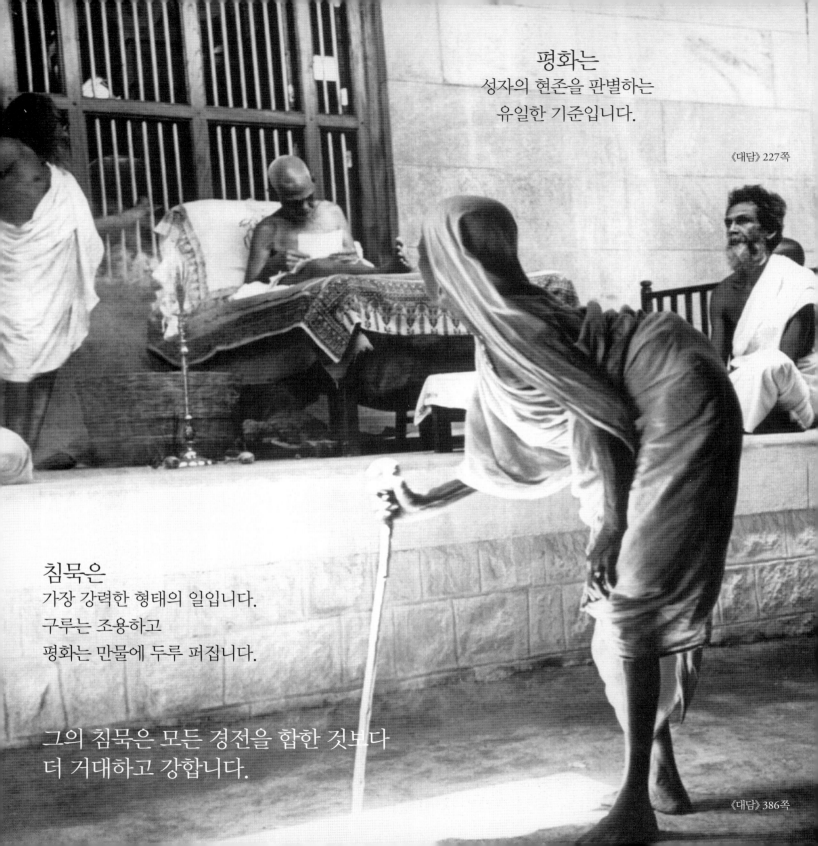

평화는
성자의 현존을 판별하는
유일한 기준입니다.

《대담》 227쪽

침묵은
가장 강력한 형태의 일입니다.
구루는 조용하고
평화는 만물에 두루 퍼집니다.

그의 침묵은 모든 경전을 합한 것보다
더 거대하고 강합니다.

《대담》 386쪽

행위하지 않음은 끊임없는 활동입니다.

성자의 특징은 끝없는 강렬한 활동에 있습니다.
그의 고요함은 겉으로 보기에 정지되어 있는 듯하지만
빠르게 회전하는 팽이와 같습니다.
팽이의 속도를 눈은 따라갈 수 없습니다.
그래서 팽이는 정지되어 있는 것처럼 보입니다.
하지만 팽이는 돌아가고 있습니다.

겉으로 보기에
아무 행위도 하지 않는 것 같은
성자도 이와 마찬가지입니다.

사람들은 고요함을
활동력이 없는 것으로
오해합니다.

사실은 그렇지 않습니다.

《대담》 576쪽

모우나(침묵)는 최고의 웅변입니다.

평화는 최고의 활동입니다.

어째서 그런가요?

왜냐하면 그 사람은
자신의 성품에 머무르고 있고
그래서 그는 나의 모든 구석까지
충만해 있기 때문입니다.

　　　따라서 그는 어떠한 힘도 끌어내어 이용할 수 있습니다.
　　　그리고 그 힘이 필요할 때마다 혹은 필요한 곳에서는 어디서나
　　　그 힘을 이용할 수 있습니다.

　　　그것이 최고의 싯디(성취)입니다.

《대담》 532쪽

몸은 시체입니다.

사람이 몸과 접촉하고 있는 한
그는 나의 바다에서 목욕해야만 합니다.

좋은 성향과
나쁜 성향은
서로 수반합니다.
따라서 그 하나는
다른 하나 없이는 존재할 수 없습니다.

좋은 성향은 함양되어야 하지만
그것들도 결국은 지식인 냐나(갸나)에 의해
파괴되어야만 합니다.

《대담》 365-366쪽

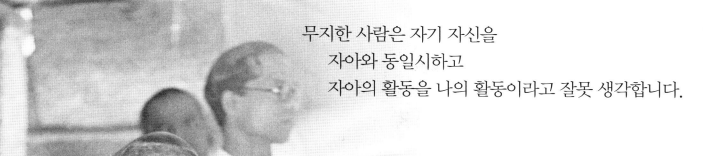

무지한 사람은 자기 자신을
자아와 동일시하고
자아의 활동을 나의 활동이라고 잘못 생각합니다.

그에 반해, 냐니(갸니)의 자아는 이미 사라져 없습니다.
그는 자기 자신을
이 몸이나 저 몸, 이 사건이나 저 사건 등등으로
한정시키지 않습니다.

냐니는 존재의 진정한 상태는 변함없이 있으며
모든 행위들은 그를 중심으로 일어난다는 것을
완전히 알고 있습니다.

그의 성품은 변화하지 않으며
그의 상태는 조금도 영향을 받지 않습니다.
그는 모든 것을 무관심하게 지켜보며
희열의 상태에 머물고 있습니다.

《대담》 583쪽

깨달음에 대한 바람은 오직 깨어 있는 상태에서만 일어날 수 있고
노력을 할 수 있는 것도 오직 깨어 있을 때뿐입니다.

깨어 있는 상태에서 일어나는 생각들은
수면의 고요함을 얻는 데 장애가 됩니다.

심지어 단 하나의 생각을 한 순간이라도 가라앉히려는
단 하나의 노력이라도
정적의 상태에 도달하는 데 많은 도움이 됩니다.

냐니(갸니)의 상태는 잠자는 상태도 아니고 깨어 있는 상태도 아닌
그 둘의 중간 상태입니다.
깨어 있는 상태와 수면의 고요함에 대한 자각이 있습니다.
그것은 완벽한 자각과 완벽한 고요함이 결합된 상태입니다.
그것은 수면과 깨어 있음 사이에 있습니다.

그것은 또한 이어지는 두 개의 생각 사이의 간격이기도 합니다.

그것은 둔한 상태가 아니라 희열입니다.

그것은 일시적이 아니라 영원합니다.

《대담》 586-587쪽

"왕국은 그대 안에 있다."

라고 성경은 말합니다.

정말로 그렇습니다.

깨달음을 얻은 존재는 이것을
천국의 왕국으로 봅니다.
하지만 그렇지 않은 사람들은
그것을 '이 세상'으로 봅니다.

그 차이는 오직
보는 각도에 달려 있습니다.

《대담》 588쪽

태양은 우주를 밝게 비춥니다.

하지만 아루나짤라의 태양은 너무 휘황찬란해

우주도 무색해지며

그래서 온전한 하나의 광휘만이 남습니다.

이 온전한 광휘만이 홀로 빛날 수 있도록

제 가슴의 꽃을 열어 주소서, 아루나짤라여!

(자신의 시 하나를 설명한 라마나 마하리쉬의 글)

《대담》 429쪽

《대담》 593쪽

사람은 행복을 추구하다가
오직 신만이 그를 행복하게 할 수 있다는 것을
알게 됩니다.

그는 신에게 기도하며 신을 숭배합니다.

신은 그의 기도를 듣고,
인간의 모습을 한 스승으로 나타나서
그 헌신자의 언어를 사용하여
실재를 이해시켜 줌으로써
그 기도에 응답합니다.

그는 자신의 경험을 나누어 주어
구도자도 경험할 수 있게 해 줍니다.
그의 경험은 나로서 머무는 것입니다.

나는 내면에 있습니다.

그러므로 신과 스승과 나는
진리를 깨달아 가는
외견상의 단계들입니다.

'신은 무한하고 나는 유한하다.'는 말은
용어상의 모순입니다.

무한과 완전은
부분을 허용하지 않습니다.

만약 유한한 존재가 무한에서 나온다면
무한의 완전함은 손상을 받게 됩니다.

《대담》 580쪽

어둠 속에 있는 사람은
자기 옆에 무언가가 있다고 상상합니다.

자세히 살펴보면 유령은 보이지 않고
나무나 기둥 같은 어떤 검은 물체들이 보입니다.

만약 그가 자세히 살펴보지 않으면
유령은 그를 공포에 떨게 만듭니다.

자아의 경우도 그렇습니다.
자아는 몸과 순수 의식 사이를 잇는 무형의 연결 고리입니다.
자아는 실재하지 않습니다.

자세히 살펴보지 않는 한
자아는 계속 고통을 줍니다.
하지만 그대가 자아를 찾으려고 하면
그대는 자아가 존재하지 않는다는 것을 알게 됩니다.

《대담》594쪽

"자아는 어떻게 파괴해야 합니까?"

이 질문은 자아를 죽이지 않고 소중히 간직하는 확실한 방법입니다.

자아가 그 자신을 죽이는 데
동의할 수 있겠습니까?

만약 그대가 자아를 찾는다면,
자아는 존재하지 않는다는 것을
알게 될 것입니다.

바로 그것이
자아를 파괴하는 방법입니다.

《대담》 597쪽

고통이 없다면
　　행복해지고 싶은 욕망이
　　어떻게 일어나겠습니까?

그 욕망이 일어나지 않는다면
　　어떻게 나에 대한 탐구가
　　성공할 수 있겠습니까?

"왜, 누구에게 이 고통이 왔는가?"
　　만약 그대가 이렇게 물으면,
　　'나'는 몸과 마음으로부터
　　분리되어 있으며
　　나만이 영원한 존재이며
　　나가 영원한 희열이라는 것을
　　발견하게 될 것입니다.

《대담》 617쪽

진보는 마음에 필요한 것이지, 나에게는 필요하지 않습니다.
나는 늘 완전합니다.

《대담》 620쪽

마음이 왕성하게 생각할 수 있다면 일반적으로 마음이 강하다고 합니다.

하지만 여기서는
　　　마음에 생각이 없을 경우에 마음은 강합니다.

《대담》 631쪽

호흡 조절은 마음을 제어하는 수단입니다.

마음은 호흡처럼 공기의 일부분입니다.
움직이는 성질은 그 둘에 공통적으로 나타나며
시작되는 장소도 그 둘에 동일합니다.
그래서 그들 가운데 하나가 제어되면
다른 하나도 제어됩니다.

《나 탐구》 17-18쪽

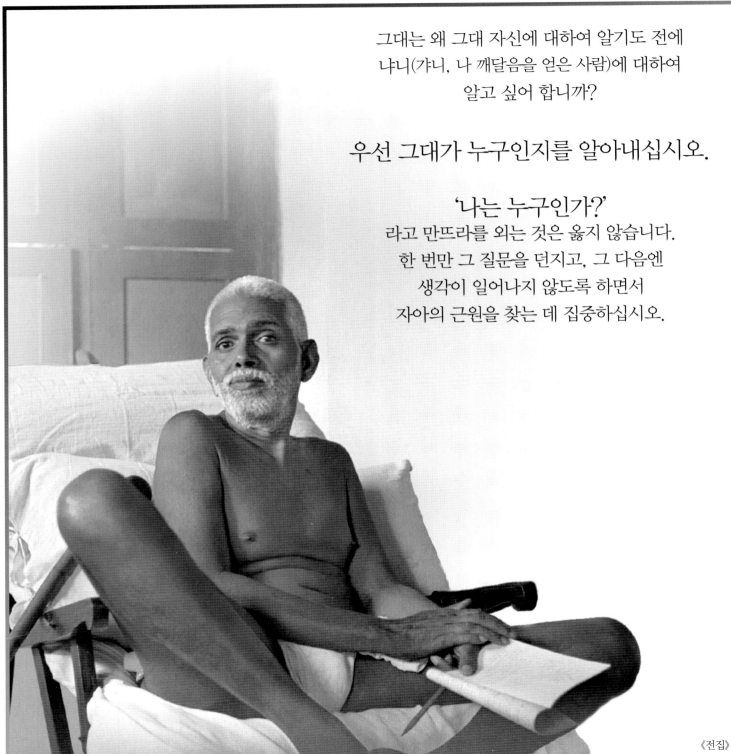

그대는 왜 그대 자신에 대하여 알기도 전에
냐니(갸니, 나 깨달음을 얻은 사람)에 대하여
알고 싶어 합니까?

우선 그대가 누구인지를 알아내십시오.

'나는 누구인가?'
라고 만뜨라를 외는 것은 옳지 않습니다.
한 번만 그 질문을 던지고, 그 다음엔
생각이 일어나지 않도록 하면서
자아의 근원을 찾는 데 집중하십시오.

《전집》 15쪽

'무욕(無慾)'은 최대의 희열입니다.

그것은 경험으로만 실현될 수 있습니다.

심지어 황제도 욕망이 없는 사람에게는 적수가 안 됩니다.

《대담》633쪽

명상의 방법들은 서로 달라 보일지 몰라도
결국에는 그들 모두 하나가 됩니다.

해방은 곧 마음의 파괴이므로
모든 노력의 목표는
마음의 제어입니다.

저마다 자기 마음의
성숙도에 맞는 길을
선택하면 됩니다.

《나 탐구》 29쪽

방법은 두 가지가 있습니다.

그대 자신에게 '나는 누구인가?'라고 묻든지
아니면 복종하는 것입니다.

나에게 복종하십시오. 그러면 나는 마음을 없애 줄 것입니다.

베단따 전체 내용은
'나는 스스로 있는 자이다.'
와
'조용히 있어라. 그리고 내가 신이라는 것을 알라.'
라는
성경의 두 구절 속에 담겨 있습니다.

당신과 저라는 우리의 분리된
구별들을 파괴하기 위하여
저와 하나가 되어 주시고,
언제나 생동하는 기쁨의 상태로
저를 축복해 주소서!
오, 아루나짤라여!

(〈악샤 라마나 말라이〉 시의 번역)
《전집》89쪽

끝없이 노력하지 않고서는 얻을 수 없는 그것도
이 산을 직접 볼 수 있거나
혹은 심지어 멀리서 이 산을 생각할 수 있는
사람이면 누구나 쉽게 얻을 수 있습니다.

《전집》80쪽 (슈리 아루나짤라 마하뜨미야)

"유형, 무형, 혹은 유무형이란 세 가지 가운데

어느 것이 궁극의 해방인가?"라는 질문을 받으면, 나는

"해방이란 '유형, 무형 혹은 유무형'을 묻는

자아의 소멸이다."라고 말할 것입니다.

《전집》 121쪽(울라두 나르빠두)

다섯 원소들로 이루어진
이 몸에 대한 집착을 버리고,
당신의 광휘를 보며
영원한 행복 속에 쉬게 하소서!
오, 아루나짤라여!

《전집》1권 〈하사 라마나 말라이〉

먼 옛날 닥쉬나무르띠로서 나타나신
당신마저도 오로지 침묵만으로
이것을 전달할 수 있었는데,
지금 어느 누가 이것을 말로 전할 수 있겠습니까?

당신의 초월적 상태를
오로지 침묵으로 전달하기 위하여
당신은 산으로 우뚝 서서
천상에서 지상에 이르기까지
빛을 발하고 있습니다.

《전집》 101쪽 슈리 아루나짤라에게 바치는 8개의 시구

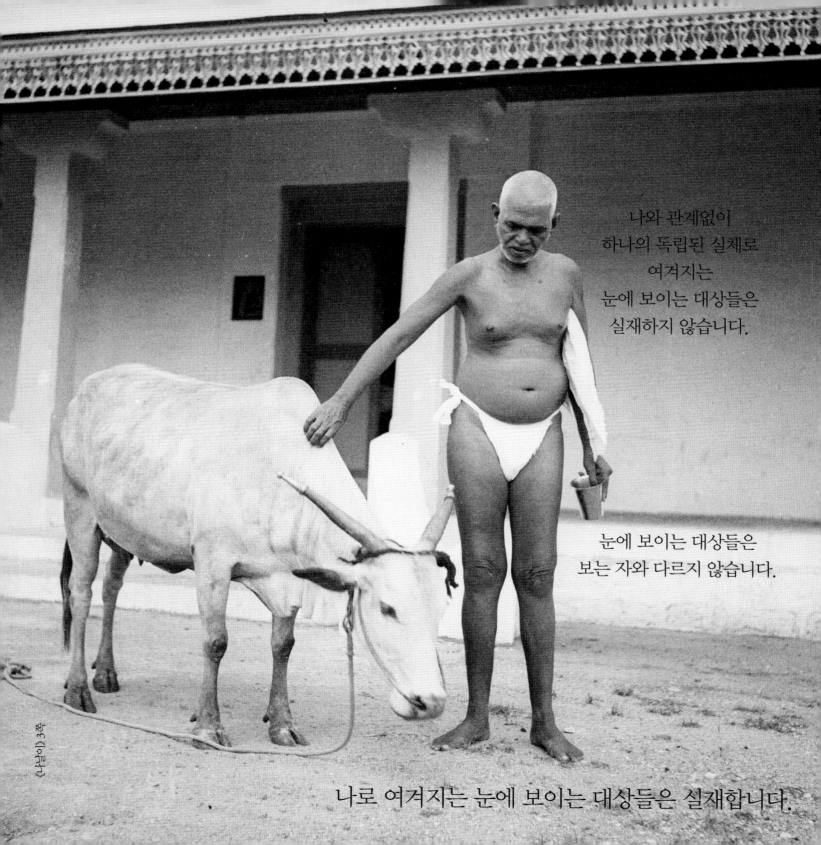

나와 관계없이
하나의 독립된 실체로
여겨지는
눈에 보이는 대상들은
실재하지 않습니다.

눈에 보이는 대상들은
보는 자와 다르지 않습니다.

《나눔이》3쪽

나로 여겨지는 눈에 보이는 대상들은 실재합니다.

물은 바다에서 올라가 구름이 되고
그 다음 비로 떨어져
다시 강을 이루어 바다로 흘러 들어갑니다.

어떤 것도 그것들이 근원으로
돌아가는 것을 막을 수 없습니다.

마찬가지로, 당신에게서 일어나는 영혼이
다시 당신과 합류하는 것을 막을 자는 아무도 없습니다.

비록 당신과 합류하는 과정에 부닥치는
수많은 소용돌이 속에서
잠시 돌아서기도 하지만 말입니다.

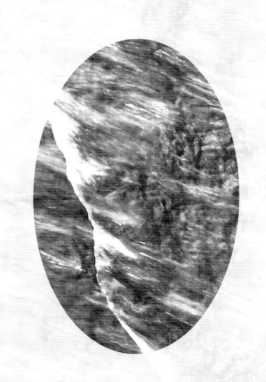

그리고 영혼이 다시 그 근원으로
돌아가는 길을 발견할 때, 영혼은 당신 속으로
가라앉아 당신과 하나가 될 것입니다.
오, 아루나짤라여, 희열의 바다시여!

《전집》103쪽

우리는 보통 실재를
삿(존재)
찟(의식)
아난다(희열)로
묘사하지만
그것도 정확한 설명은 아닙니다.

그것은 정말로 설명할 수 없는 것입니다.

이러한 설명을 통하여
우리가 분명히 하려고 애쓰는 것은 오로지
그것이 아삿(비존재)도 아니요,
자다(지각 없는 것)도 아니며,
모든 고통에서 벗어나 있다는 것입니다.

《나늿이》 44쪽

가슴속에 있는 당신을 명상하는 사람들의
자아를 뿌리뽑아 주소서!
오, 아루나짤라여!

《전집》82쪽 (악샤 라마나 말라이)

모든 생각이 멈추고
마음이 죽는 상태를
왜 사람들이 두려워할까요?

매일 잠을 자면서
그 상태를 경험하고 있는데 말입니다.

그들이 잠자는 것을 두려워하지 않는다면
나는 왜 그들이 사다나, 즉 영적인 수행을 통하여
마음이나 자아를 죽이는 것을
두려워하는지 모르겠습니다.

《나날이》 77쪽

묵띠(해방)가 무엇입니까?
그것이 어디에 있으며 그대는 어디에 있습니까?
둘 사이의 거리가 얼마이기에
우리가 길을 얘기할 수 있겠습니까?

우선, 그대 자신에 대하여 알아보십시오.
그대가 어디 있는지를 알아보고,
그 뒤에도 이러한 의문들이 일어나는지
보십시오.

《나날이》 108쪽

나는 도달할 수 없는 어떤 먼 곳에 있지 않습니다. 그대는 항상 그것입니다.

그대 자신을 나 아닌 것과 동일시하는 습관을 버리기만 하면 됩니다.

모든 노력은 오로지 그것을 하기 위해 필요할 뿐입니다.

구루의 은총은
항상 거기에 있습니다.
그대는 그것이 하늘 높이 먼 곳에 있는 어떤 것이어서
아래로 내려와야 하는 것이라고 상상합니다.

그것은 정말로 그대 내부에, 그대의 가슴속에 있습니다.
그대가 마음을 그 근원과 하나로 합치는 순간에
은총은 샘에서 분출하듯이
그대의 내부에서
쏟아져 나옵니다.

《침묵의 힘》140쪽

사진을 찍을 때
어둠 속에서 필름 위에
질산은을 입히고
카메라 속에서 그 필름이 노출되면
외부의 빛에 의해
필름에 인상이 남게 됩니다.

만일 카메라에 필름을 넣기 전에
필름이 빛에 노출되면
필름에는 어떤 인상도
남을 수 없습니다.

**개인인 지바의 경우도
마찬가지입니다.**

지바가 여전히 어둠 속에 있을 때는
안으로 새어 들어오는 작은 빛에 의해
지바 위에 인상이 생길 수 있습니다.

하지만 지식의 빛이 이미
지바 속으로 가득 들어왔다면,
외부 대상에 대한 어떤 인상도 얻을 수 없습니다.

아(A), 루(RU), 나(NA)는

존재와 의식과 희열을 나타낼 뿐만 아니라
나와 영혼과 그들이 하나임을 상징하기도 합니다.

그러므로 '아루나'는 그대가 그것(나)이라는 것을 의미합니다.
'아짤라'는 변치 않는 완전함을 의미합니다.

《아루나짤라에게 바치는 다섯 편의 찬가》107쪽

베단따 전체는
네 개의 단어, 즉
데함(몸),
나함(나는 아니다),
꼬함(나는 누구인가?),
소함(나는 '그것'이다)으로
압축될 수 있습니다.

우선, 왜 몸이 '나'가 아닌지가 됩니다.
내가 누구인지를 탐구하면
그러한 사람의 가슴속에는
편재하는 신인 아루나짤라가 '나'로서, '나는 그것이다.'로서 빛을 발할 것입니다.

'나'가 어디로 가겠습니까?

'나'가 어디로 갈 수 있겠습니까?

(마하리쉬가 '나'를 강조하여 말할 때마다, 그는 항상 아뜨만을 의미했다)

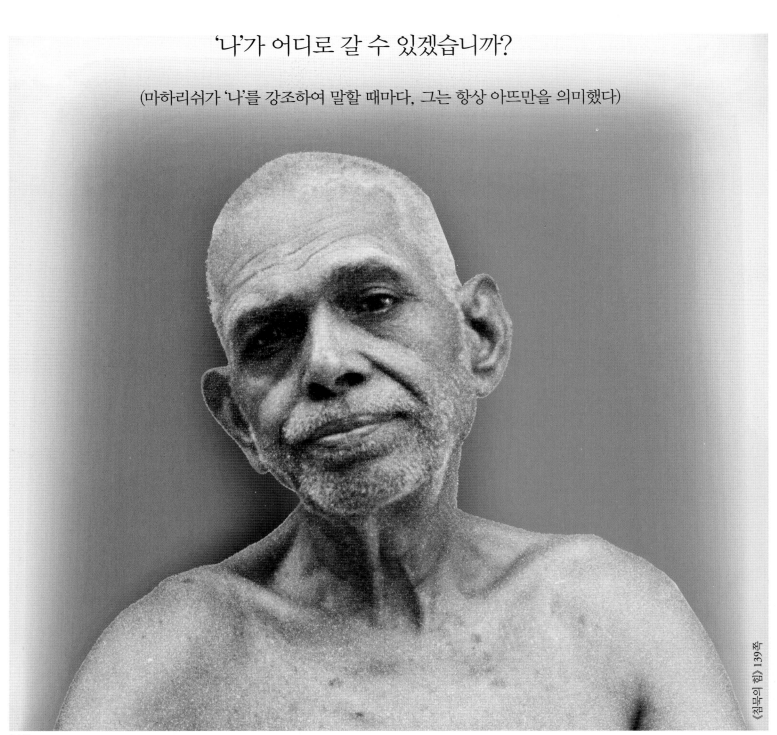

《침묵의 힘》 139쪽

냐니(갸니)에게는 세상이 나타나든 나타나지 않든
　　중요하지 않습니다.
　　세상이 나타나든 나타나지 않든, 그의 관심은 항상 나에 있습니다.
　　글자가 인쇄되어 있는 종이를 보십시오.
　　그대는 온통 글자에 몰두하여
　　종이에 기울일 관심이 하나도 남아 있지 않습니다.
하지만 글자가 종이 위에 나타나 있든 나타나 있지 않든 간에
　　냐니는 오로지 글자가 나타난 바탕인 종이만을 생각합니다.

이 책 속의
모든 글자들은
단 하나로 있는
불멸의 글자에
더해지는 말들입니다.

그 단 하나의 글자는
가슴속에서
저절로
영원히 빛을 발합니다.

누가 그것을 글로 쓰기를
바랄 수 있겠습니까?

이 책에 인용된 슈리 라마나 마하리쉬의 말씀들의 모든 출전은
슈리 라마나스라맘 출판물이다.

나날이 Day by Day with Bhagavan   2002

나는 누구인가? Who Am I?
   The Teachings of Sri Ramana Maharish   2001

나 탐구 Self-Enquiry
   (Vichara Sangraham) of Sri Ramana Maharish
   Translated by Dr. T.M.P. Mahadevan   2003

마하리쉬의 복음 Maharish's Gospel
   The Teachings of Sri Ramana Maharish   2002

바가반의 보석 Gems from Bhagavan
   Selected by A. Devaraja Mudaliar   2003

슈리 라마나 마하리쉬와의 대담 Talks with Sri Ramana Maharish
   Recorded by Swami Ramananda Saraswathi   2000

슈리 라마나 마하리쉬의 시 The Poems of Sri Ramana Maharish
   Translated by Sadhu Arunachala   1996

슈리 라마나스라맘의 편지들 Letters from Sri Ramanasramam
   by Suri Nagama   1995

아루나짤라를 기리는 다섯 편의 찬가 Five Hymns to Arunachala
   & Other Poems of Sri Ramana Maharish   2001

전집 The Collected Works of Sri Ramana Maharish   2002

침묵의 힘 The Silent Power
   Selections from The Mountain Path & The Call Divine   2002